I0758753

DON'T BE BIASED

DON'T BE BIASED

DON'T BE BIASED

DON'T BE BIASED

DON'T BE BIASED

DON'T BE BIASED

DON'T BE BIASED

DON'T BE BIASED

DON'T BE BIASED

DON'T BE BIASED

DON'T BE BIASED

DON'T BE BIASED

DON'T BE BIASED

DON'T BE BIASED

DON'T BE BIASED

DON'T BE BIASED

DON'T BE BIASED

DON'T BE BIASED

DON'T BE BIASED

DON'T BE BIASED

DON'T BE BIASED

DON'T BE BIASED

DON'T BE BIASED

DON'T BE BIASED

DON'T BE BIASED

DON'T BE BIASED

DON'T BE BIASED

DON'T BE BIASED

DON'T BE BIASED

DON'T BE BIASED

DON'T BE BIASED

DON'T BE BIASED

DON'T BE BIASED

DON'T BE BIASED

DON'T BE BIASED

DON'T BE BIASED

DON'T BE BIASED

DON'T BE BIASED

DON'T BE BIASED

DON'T BE BIASED

DON'T BE BIASED

DON'T BE BIASED

DON'T BE BIASED

DON'T BE BIASED

DON'T BE BIASED

DON'T BE BIASED

DON'T BE BIASED

DON'T BE BIASED

DON'T BE BIASED

DON'T BE BIASED

DON'T BE BIASED

DON'T BE BIASED

DON'T BE BIASED

DON'T BE BIASED

DON'T BE BIASED

DON'T BE BIASED

DON'T BE BIASED

DON'T BE BIASED

DON'T BE BIASED

DON'T BE BIASED

DON'T BE BIASED

DON'T BE BIASED

DON'T BE BIASED

DON'T BE BIASED

DON'T BE BIASED

DON'T BE BIASED

DON'T BE BIASED

DON'T BE BIASED

DON'T BE BIASED

DON'T BE BIASED

DON'T BE BIASED

DON'T BE BIASED

DON'T BE BIASED

DON'T BE BIASED

DON'T BE BIASED

DON'T BE BIASED

DON'T BE BIASED

DON'T BE BIASED

DON'T BE BIASED

DON'T BE BIASED

DON'T BE BIASED

DON'T BE BIASED

DON'T BE BIASED

DON'T BE BIASED

DON'T BE BIASED

DON'T BE BIASED

DON'T BE BIASED

DON'T BE BIASED

DON'T BE BIASED

DON'T BE BIASED

DON'T BE BIASED

DON'T BE BIASED

DON'T BE BIASED

DON'T BE BIASED

DON'T BE BIASED

DON'T BE BIASED

DON'T BE BIASED

DON'T BE BIASED

DON'T BE BIASED

DON'T BE BIASED

DON'T BE BIASED

www.ingramcontent.com/pod-product-compliance
Lightning Source LLC
Chambersburg PA
CBHW070138260726
48658CB00001B/475